The Animated
HOLYDAYS

From the series The Animated HOLYDAYS:

* The Animated MEGLLAH (Purim)
* The Animated HAGGADAH (Pesach) - book and video
* The Animated MENORAH (Hannukah) - book and Hannukit

Available Soon:

* The Animated ISRAEL (Israeli Independence Day)
* The Animated NEW YEAR (Book and Calendar)

For additional information contact the publisher.

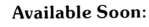

The Animated Haggadah is available on a half-hour
video-cassette from the publishers.

The End

חַד גַּדְיָא חַד גַּדְיָא

One little goat, One little goat

Along came the Angel of Death and killed the butcher

וְאָתָא מַלְאַךְ הַמָּוֶת וְשָׁחַט לְשׁוֹחֵט
דְּשָׁחַט לְתוֹרָא דְּשָׁתָא לְמַיָּא דְּכָבָה
לְנוּרָא דְּשָׂרַף לְחֻטְרָא דְּהִכָּה לְכַלְבָּא
דְּנָשַׁךְ לְשׁוּנְרָא דְּאָכְלָה לְגַדְיָא דְּזַבֵּן
אַבָּא בִּתְרֵי זוּזֵי
חַד גַּדְיָא חַד גַּדְיָא

Along came the Holy One, Blessed be He, and Killed the Angel of Death, that killed the butcher, that killed the ox, that drank the water, that put out the fire, that burnt the stick, that beat the dog, that bit the cat, that ate the goat, that father bought for two zuzim. One little goat, one little goat.

וְאָתָא הַקָּדוֹשׁ בָּרוּךְ הוּא וְשָׁחַט
לְמַלְאַךְ הַמָּוֶת
דְּשָׁחַט לְשׁוֹחֵט דְּשָׁחַט לְתוֹרָא
דְּשָׁתָא לְמַיָּא דְּכָבָה לְנוּרָא דְּשָׂרַף
לְחֻטְרָא דְּהִכָּה לְכַלְבָּא דְּנָשַׁךְ
לְשׁוּנְרָא דְּאָכְלָה לְגַדְיָא
דְּזַבֵּן אַבָּא בִּתְרֵי זוּזֵי
חַד גַּדְיָא חַד גַּדְיָא

וַאֲתָא תוֹרָא וְשָׁתָא לְמַיָּא
דְּכָבָה לְנוּרָא דְּשָׂרַף לְחֻטְרָא דְּהִכָּה
לְכַלְבָּא דְּנָשַׁךְ לְשׁוּנְרָא דְּאָכְלָה
לְגַדְיָא דְּזַבִּן אַבָּא בִּתְרֵי זוּזֵי
חַד גַּדְיָא חַד גַּדְיָא

Along came the ox and drank the water

וַאֲתָא הַשּׁוֹחֵט וְשָׁחַט לְתוֹרָא
דְּשָׁתָא לְמַיָּא דְּכָבָה לְנוּרָא דְּשָׂרַף
לְחֻטְרָא דְּהִכָּה לְכַלְבָּא דְּנָשַׁךְ
לְשׁוּנְרָא דְּאָכְלָה לְגַדְיָא דְּזַבִּן אַבָּא
בִּתְרֵי זוּזֵי
חַד גַּדְיָא חַד גַּדְיָא

Along came the butcher and killed the ox

וַאֲתָא חֻטְרָא וְהִכָּה לְכַלְבָּא
דְּנָשַׁךְ לְשׁוּנְרָא דְּאָכְלָה לְגַדְיָא דִּזְבַן
אַבָּא בִּתְרֵי זוּזֵי
חַד גַּדְיָא חַד גַּדְיָא

Along came the stick and beat the dog

וַאֲתָא נוּרָא וְשָׂרַף לְחֻטְרָא
דְּהִכָּה לְכַלְבָּא דְּנָשַׁךְ לְשׁוּנְרָא
דְּאָכְלָה לְגַדְיָא דִּזְבַן אַבָּא בִּתְרֵי זוּזֵי
חַד גַּדְיָא חַד גַּדְיָא

Along came the fire and burnt the stick

וַאֲתָא מַיָּא וְכָבָה לְנוּרָא
דְּשָׂרַף לְחֻטְרָא דְּהִכָּה לְכַלְבָּא דְּנָשַׁךְ
לְשׁוּנְרָא דְּאָכְלָה לְגַדְיָא דִּזְבַן אַבָּא
בִּתְרֵי זוּזֵי
חַד גַּדְיָא חַד גַּדְיָא

Along came the water and put out the fire

וַאֲתָא שׁוּנְרָא וְאָכְלָה לְגַדְיָא
דִּזְבַן אַבָּא בִּתְרֵי זוּזֵי
חַד גַּדְיָא חַד גַּדְיָא

Along came the cat and ate the goat

וַאֲתָא כַלְבָּא וְנָשַׁךְ לְשׁוּנְרָא
דְּאָכְלָה לְגַדְיָא דִּזְבַן אַבָּא בִּתְרֵי זוּזֵי
חַד גַּדְיָא חַד גַּדְיָא

Along came the dog and bit the cat

חַד גַּדְיָא
חַד גַּדְיָא

דִּזְבַן אַבָּא בִּתְרֵי זוּזֵי
חַד גַּדְיָא חַד גַּדְיָא

One little goat
One little goat

That father bought for two zuzim,
One little goat, one little goat

Who knows Twelve?

שְׁנֵים עָשָׂר
מִי יוֹדֵעַ

I know Twelve. Twelve are the tribes, Eleven are the stars of Joseph's dream, Ten are the commandments, Nine are the months till a child is born, Eight are the days till the brith mila, Seven are the days of the week, Six are the books of the Mishnah, Five are the books of the Torah, Four are our mothers, Three are our fathers, Two are the tablets given on Mount Sinai,
One is our God in heaven and on earth.

שְׁנֵים־עָשָׂר אֲנִי יוֹדֵעַ שְׁנֵים עָשָׂר שִׁבְטַיָּא
אַחַד עָשָׂר כּוֹכְבַיָּא עֲשָׂרָה דִבְּרַיָּא תִּשְׁעָה
יַרְחֵי לֵידָה שְׁמוֹנָה יְמֵי מִילָה שִׁבְעָה יְמֵי
שַׁבְּתָא שִׁשָּׁה סִדְרֵי מִשְׁנָה חֲמִשָּׁה חֻמְשֵׁי
תוֹרָה אַרְבַּע אִמָּהוֹת שְׁלוֹשָׁה אָבוֹת שְׁנֵי
לוּחוֹת הַבְּרִית
אֶחָד אֱלֹהֵינוּ שֶׁבַּשָּׁמַיִם וּבָאָרֶץ

Who knows Thirteen?

שְׁלוֹשָׁה עָשָׂר
מִי יוֹדֵעַ

I know Thirteen. Thirteen are the attributes of God, Twelve are the tribes, Eleven are the stars of Joseph's dream, Ten are the commandments, Nine are the months till a child is born, Eight are the days till the brith mila, Seven are the days of the week, Six are the books of the Mishnah, Five are the books of the Torah, Four are our mothers, Three are our fathers, Two are the tablets given on Mount Sinai,

שְׁלוֹשָׁה עָשָׂר אֲנִי יוֹדֵעַ שְׁלוֹשָׁה עָשָׂר
מִדַּיָּא שְׁנֵים עָשָׂר שִׁבְטַיָּא אַחַד עָשָׂר
כּוֹכְבַיָּא עֲשָׂרָה דִבְּרַיָּא תִּשְׁעָה יַרְחֵי
לֵידָה שְׁמוֹנָה יְמֵי מִילָה שִׁבְעָה יְמֵי
שַׁבְּתָא שִׁשָּׁה סִדְרֵי מִשְׁנָה חֲמִשָּׁה
חֻמְשֵׁי תוֹרָה אַרְבַּע אִמָּהוֹת שְׁלוֹשָׁה
אָבוֹת שְׁנֵי לוּחוֹת הַבְּרִית

One is our God in heaven and on earth

אֶחָד אֱלֹהֵינוּ
שֶׁבַּשָּׁמַיִם
וּבָאָרֶץ

Who knows Nine?

I know Nine. Nine are the months till a child is born, Eight are the days till the brith mila, Seven are the days of the week, Six are the books of the Mishnah, Five are the books of the Torah, Four are our mothers, Three are our fathers, Two are the tablets given on Mount Sinai,
One is our God in heaven and on earth.

תִּשְׁעָה מִי יוֹדֵעַ

תִּשְׁעָה אֲנִי יוֹדֵעַ תִּשְׁעָה יַרְחֵי לֵידָה
שְׁמוֹנָה יְמֵי מִילָה שִׁבְעָה יְמֵי שַׁבַּתָּא
שִׁשָּׁה סִדְרֵי מִשְׁנָה חֲמִשָּׁה חֻמְשֵׁי תוֹרָה
אַרְבַּע אִמָּהוֹת שְׁלוֹשָׁה אָבוֹת שְׁנֵי לוּחוֹת
הַבְּרִית אֶחָד אֱלֹהֵינוּ שֶׁבַּשָּׁמַיִם וּבָאָרֶץ

Who knows Ten?

I know Ten. Ten are the commandments, Nine are the months till a child is born, Eight are the days till the brith mila, Seven are the days of the week, Six are the books of the Mishnah, Five are the books of the Torah, Four are our mothers, Three are our fathers, Two are the tablets given on Mount Sinai,
One is our God in heaven and on earth.

עֲשָׂרָה מִי יוֹדֵעַ

עֲשָׂרָה אֲנִי יוֹדֵעַ עֲשָׂרָה דִבְּרַיָּא תִּשְׁעָה
יַרְחֵי לֵידָה שְׁמוֹנָה יְמֵי מִילָה שִׁבְעָה יְמֵי
שַׁבַּתָּא שִׁשָּׁה סִדְרֵי מִשְׁנָה חֲמִשָּׁה חֻמְשֵׁי
תוֹרָה אַרְבַּע אִמָּהוֹת שְׁלוֹשָׁה אָבוֹת שְׁנֵי
לוּחוֹת הַבְּרִית
אֶחָד אֱלֹהֵינוּ שֶׁבַּשָּׁמַיִם וּבָאָרֶץ

Who knows Eleven?

I know Eleven. Eleven are the stars of Joseph's dream, Ten are the commandments, Nine are the months till a child is born, Eight are the days till the brith mila, Seven are the days of the week, Six are the books of the Mishnah, Five are the books of the Torah, Four are our mothers, Three are our fathers, Two are the tablets given on Mount Sinai,
One is our God
in heaven and on earth.

אַחַד עָשָׂר מִי יוֹדֵעַ

אַחַד עָשָׂר אֲנִי יוֹדֵעַ אַחַד עָשָׂר כּוֹכְבַיָּא
עֲשָׂרָה דִבְּרַיָּא תִּשְׁעָה יַרְחֵי לֵידָה שְׁמוֹנָה
יְמֵי מִילָה שִׁבְעָה יְמֵי שַׁבַּתָּא שִׁשָּׁה סִדְרֵי
מִשְׁנָה חֲמִשָּׁה חֻמְשֵׁי תוֹרָה אַרְבַּע
אִמָּהוֹת שְׁלוֹשָׁה אָבוֹת שְׁנֵי לוּחוֹת
הַבְּרִית
אֶחָד אֱלֹהֵינוּ שֶׁבַּשָּׁמַיִם וּבָאָרֶץ

Who knows Five?

I know Five. Five are the books of the Torah, Four are our mothers, Three are our fathers, Two are the tablets given on Mount Sinai,
One is our God in heaven and on Earth.

חֲמִשָׁה מִי יוֹדֵעַ

חֲמִשָׁה אֲנִי יוֹדֵעַ חֲמִשָּׁה חֻמְשֵׁי תוֹרָה
אַרְבַּע אִמָּהוֹת שְׁלוֹשָׁה אָבוֹת
שְׁנֵי לוּחוֹת הַבְּרִית
אֶחָד אֱלֹהֵינוּ שֶׁבַּשָּׁמַיִם וּבָאָרֶץ

Who knows Six?

I know Six. Six are the books of the Mishnah, Five are the books of the Torah, Four are our mothers, Three are our fathers, Two are the tablets given on Mount Sinai,
One is our God in heaven and on Earth.

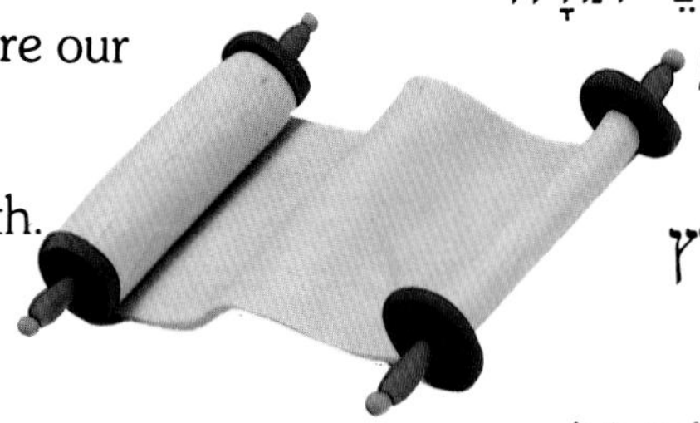

שִׁשָּׁה מִי יוֹדֵעַ

שִׁשָּׁה אֲנִי יוֹדֵעַ שִׁשָּׁה סִדְרֵי מִשְׁנָה חֲמִשָּׁה
חֻמְשֵׁי תוֹרָה אַרְבַּע אִמָּהוֹת שְׁלוֹשָׁה
אָבוֹת שְׁנֵי לוּחוֹת הַבְּרִית
אֶחָד אֱלֹהֵינוּ שֶׁבַּשָּׁמַיִם וּבָאָרֶץ

Who knows Seven?

I know Seven. Seven are the days of the week, Six are the books of the Mishnah, Five are the books of the Torah, Four are our mothers, Three are our fathers, Two are the tablets given on Mount Sinai,
One is our God in heaven and on earth.

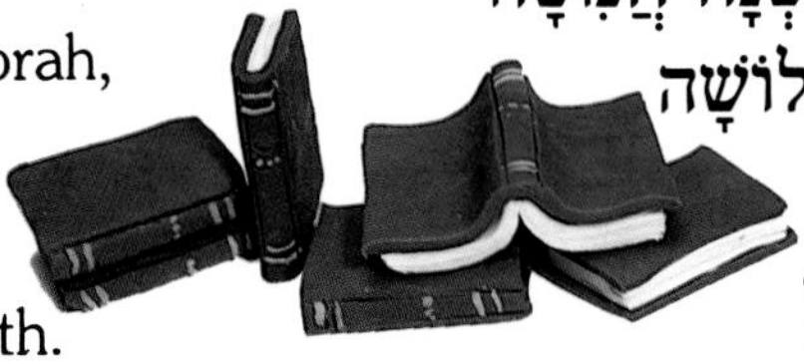

שִׁבְעָה מִי יוֹדֵעַ

שִׁבְעָה אֲנִי יוֹדֵעַ שִׁבְעָה יְמֵי שַׁבְּתָא שִׁשָּׁה
סִדְרֵי מִשְׁנָה חֲמִשָּׁה חֻמְשֵׁי תוֹרָה אַרְבַּע
אִמָּהוֹת שְׁלוֹשָׁה אָבוֹת שְׁנֵי לוּחוֹת הַבְּרִית
אֶחָד אֱלֹהֵינוּ שֶׁבַּשָּׁמַיִם וּבָאָרֶץ

Who knows Eight?

I know Eight. Eight are the days till the brith mila, Seven are the days of the week, Six are the books of the Mishnah, Five are the books of the Torah, Four are our mothers, Three are our fathers, Two are the tablets given on Mount Sinai,
One is our God in heaven and on earth.

שְׁמוֹנָה מִי יוֹדֵעַ

שְׁמוֹנָה אֲנִי יוֹדֵעַ שְׁמוֹנָה יְמֵי מִילָה שִׁבְעָה
יְמֵי שַׁבְּתָא שִׁשָּׁה סִדְרֵי מִשְׁנָה חֲמִשָּׁה
חֻמְשֵׁי תוֹרָה אַרְבַּע אִמָּהוֹת שְׁלוֹשָׁה אָבוֹת
שְׁנֵי לוּחוֹת הַבְּרִית
אֶחָד אֱלֹהֵינוּ שֶׁבַּשָּׁמַיִם וּבָאָרֶץ

Who knows One?

I know One.
One is our God in heaven and on earth.

אֶחָד מִי יוֹדֵעַ

אֶחָד אֲנִי יוֹדֵעַ
אֶחָד אֱלֹהֵינוּ שֶׁבַּשָּׁמַיִם וּבָאָרֶץ

Who knows Two?

I know Two. Two are the tablets given on Mount Sinai,
One is our God in heaven and on earth.

שְׁנַיִם מִי יוֹדֵעַ

שְׁנַיִם אֲנִי יוֹדֵעַ שְׁנֵי לוּחוֹת הַבְּרִית
אֶחָד אֱלֹהֵינוּ שֶׁבַּשָּׁמַיִם וּבָאָרֶץ

Who knows Three?

I know Three. Three are our fathers, Two are the tablets given on Mount Sinai,
One is our God in heaven and on earth.

שְׁלוֹשָׁה מִי יוֹדֵעַ

שְׁלוֹשָׁה אֲנִי יוֹדֵעַ שְׁלוֹשָׁה אָבוֹת שְׁנֵי
לוּחוֹת הַבְּרִית
אֶחָד אֱלֹהֵינוּ שֶׁבַּשָּׁמַיִם וּבָאָרֶץ

Who knows Four?

I know Four. Four are our mothers, Three are our fathers, Two are the tablets given on Mount Sinai,
One is our God in heaven and on earth.

אַרְבַּע מִי יוֹדֵעַ

אַרְבַּע אֲנִי יוֹדֵעַ אַרְבַּע אִמָּהוֹת שְׁלוֹשָׁה
אָבוֹת שְׁנֵי לוּחוֹת הַבְּרִית
אֶחָד אֱלֹהֵינוּ שֶׁבַּשָּׁמַיִם וּבָאָרֶץ

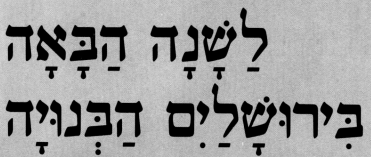

לַשָּׁנָה הַבָּאָה
בִּירוּשָׁלַיִם הַבְּנוּיָה

NEXT YEAR IN JERUSALEM

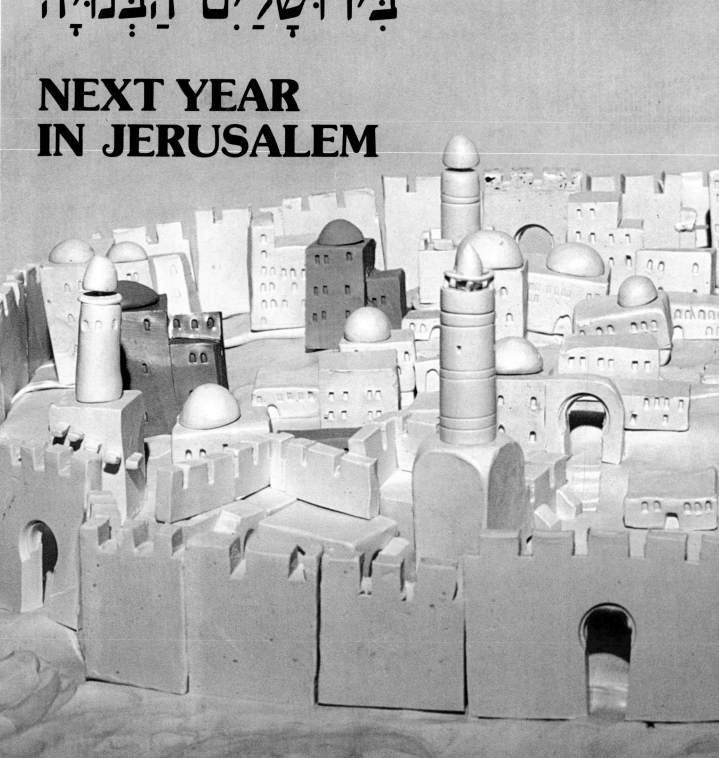

Blessed are You, Adonay, our God, King of the universe, who creates the fruit of the vine.

Drink the fourth cup of wine while leaning to your left side.

בָּרוּךְ אַתָּה יי אֱלֹהֵינוּ מֶלֶךְ הָעוֹלָם בּוֹרֵא פְּרִי הַגָּפֶן

CONCLUSION

We end the Passover seder for tonight. We hope that next year we will be able to celebrate once more. But, we pray that next year God will bring us to the Land of Israel to celebrate the seder there, in true freedom.

נִרְצָה

חֲסַל סִדּוּר פֶּסַח כְּהִלְכָתוֹ כְּכָל מִשְׁפָּטוֹ וְחֻקָּתוֹ כַּאֲשֶׁר זָכִינוּ לְסַדֵּר אוֹתוֹ כֵּן נִזְכֶּה לַעֲשׂוֹתוֹ זָךְ שׁוֹכֵן מְעוֹנָה קוֹמֵם קְהַל עֲדַת מִי מָנָה קָרֵב נַהֵל נִטְעֵי כַנָּה פְּדוּיִים לְצִיּוֹן בְּרִנָּה

HALLEL

הַלֵּל

We pour the fourth cup of wine and recite songs of praise to God.

Praise God, all nations, Praise Him, all people. For His kindness to us is great, And His truth endures forever.

הַלְלוּ אֶת־יי כָּל גּוֹיִם שַׁבְּחוּהוּ
כָּל־הָאֻמִּים כִּי גָבַר עָלֵינוּ חַסְדּוֹ
וֶאֱמֶת־יי לְעוֹלָם

HalleluYah   הַלְלוּיָהּ

Thank God for He is good, for His kindness lasts forever. Let all Israel say that His kindness lasts forever. Let all the family of Aaron say that His kindness lasts forever. Let all who fear Adonay say that His kindness lasts forever.

הוֹדוּ לַיי כִּי טוֹב
כִּי לְעוֹלָם חַסְדּוֹ

יֹאמַר־נָא יִשְׂרָאֵל כִּי לְעוֹלָם חַסְדּוֹ
יֹאמְרוּ־נָא בֵית אַהֲרֹן כִּי לְעוֹלָם חַסְדּוֹ
יֹאמְרוּ־נָא יִרְאֵי יי כִּי לְעוֹלָם חַסְדּוֹ

אוֹדְךָ כִּי עֲנִיתָנִי וַתְּהִי־לִי לִישׁוּעָה
אֶבֶן מָאֲסוּ הַבּוֹנִים הָיְתָה לְרֹאשׁ פִּנָּה
מֵאֵת יי הָיְתָה זֹּאת הִיא נִפְלָאת בְּעֵינֵינוּ
זֶה־הַיּוֹם עָשָׂה יי נָגִילָה וְנִשְׂמְחָה בוֹ

וְעַל הַכֹּל יי אֱלֹהֵינוּ אֲנַחְנוּ מוֹדִים לָךְ
וּמְבָרְכִים אוֹתָךְ יִתְבָּרַךְ שִׁמְךָ בְּפִי כָּל חַי תָּמִיד
לְעוֹלָם וָעֶד כַּכָּתוּב וְאָכַלְתָּ וְשָׂבָעְתָּ וּבֵרַכְתָּ
אֶת יי אֱלֹהֶיךָ עַל הָאָרֶץ הַטּוֹבָה אֲשֶׁר נָתַן לָךְ
בָּרוּךְ אַתָּה יי עַל הָאָרֶץ וְעַל הַמָּזוֹן
וּבְנֵה יְרוּשָׁלַיִם עִיר הַקֹּדֶשׁ בִּמְהֵרָה בְיָמֵינוּ בָּרוּךְ
אַתָּה יי בּוֹנֶה בְּרַחֲמָיו יְרוּשָׁלַיִם אָמֵן

הָרַחֲמָן הוּא יַנְחִילֵנוּ יוֹם שֶׁכֻּלּוֹ טוֹב. יוֹם
שֶׁכֻּלּוֹ אָרוּךְ. יוֹם שֶׁצַּדִּיקִים יוֹשְׁבִים וְעַטְרוֹתֵיהֶם
בְּרָאשֵׁיהֶם וְנֶהֱנִים מִזִּיו הַשְּׁכִינָה וִיהִי חֶלְקֵנוּ
עִמָּהֶם:
הָרַחֲמָן הוּא יְזַכֵּנוּ לִימוֹת הַמָּשִׁיחַ וּלְחַיֵּי הָעוֹלָם
הַבָּא מִגְדּוֹל יְשׁוּעוֹת מַלְכּוֹ וְעֹשֶׂה־חֶסֶד לִמְשִׁיחוֹ
לְדָוִד וּלְזַרְעוֹ עַד עוֹלָם עֹשֶׂה שָׁלוֹם בִּמְרוֹמָיו הוּא
יַעֲשֶׂה שָׁלוֹם עָלֵינוּ וְעַל כָּל יִשְׂרָאֵל וְאִמְרוּ אָמֵן

בָּרוּךְ אַתָּה יי אֱלֹהֵינוּ
מֶלֶךְ הָעוֹלָם
בּוֹרֵא פְּרִי הַגָּפֶן

Blessed are you, Adonay our God, King of the universe, who creates the fruit of the vine.

Drink the wine while leaning to your left.

שְׁפֹךְ חֲמָתְךָ אֶל־הַגּוֹיִם
אֲשֶׁר לֹא־יְדָעוּךָ

We pour a cup of wine and put it in the center of the table for Elijah the Prophet. We then open the front door to show our hope that he will appear to announce the coming of the Mashiach.

AFIKOMAN

צָפוּן

The head of the seder gives everyone a piece of Afikoman from the part of the middle matzah which was hidden earlier. We now eat this while leaning to the left side.

GRACE
AFTER MEAL

בָּרֵךְ

We pour the third cup of wine and recite grace.

Blessed are you, Adonay our God, King of the universe, who provides food for the world, in goodness, grace, mercy and kindness. He provides food because His kindness endures forever. Because of His goodness we have never lacked, nor may we ever lack food, for the sake of His great name. For He is God who feeds and cares for everyone, and does good for all that He has created. Blessed are You, Adonay who provides food for the world.

בָּרוּךְ

אַתָּה יי אֱלֹהֵינוּ מֶלֶךְ הָעוֹלָם הַזָּן אֶת הָעוֹלָם כֻּלּוֹ בְּטוּבוֹ בְּחֵן בְּחֶסֶד וּבְרַחֲמִים הוּא נוֹתֵן לֶחֶם לְכָל בָּשָׂר כִּי לְעוֹלָם חַסְדּוֹ וּבְטוּבוֹ הַגָּדוֹל תָּמִיד לֹא חָסַר לָנוּ וְאַל יֶחְסַר לָנוּ מָזוֹן לְעוֹלָם וָעֶד בַּעֲבוּר שְׁמוֹ הַגָּדוֹל כִּי הוּא אֵל זָן וּמְפַרְנֵס לַכֹּל וּמֵיטִיב לַכֹּל וּמֵכִין מָזוֹן לְכָל בְּרִיּוֹתָיו אֲשֶׁר בָּרָא בָּרוּךְ אַתָּה יי הַזָּן אֶת הכֹּל

Baruch Atah Adonay Eloheynu Melech haolam, hazan et haolam kulo betuvo, bechen, bechesed, uverachamim. Hu noten lechem lechol basar, ki leolam chasdo, uvetuvo hagadol tamid lo chasar lanu, veal yechsar lanu mazon leolam vaed. Baavur shemo hagadol, ki hu El zan umefarnes lakol, umetiv lakol, umechin mazon lechol beriyotav asher bara. Baruch Atah Adonay hazan et hakol.

שֻׁלְחָן עוֹרֵךְ
FESTIVE MEAL

WASHING HANDS

רָחְצָה

Wash hands for the meal, and say the blessing.

Blessed are You, Adonay, our God, King of the universe, who has made us holy with His commandments, and commanded us to wash our hands.

בָּרוּךְ אַתָּה יי אֱלֹהֵינוּ מֶלֶךְ הָעוֹלָם אֲשֶׁר
קִדְּשָׁנוּ בְּמִצְוֹתָיו וְצִוָּנוּ עַל נְטִילַת יָדָיִם

BLESSINGS FOR MATZAH

מוֹצִיא מַצָּה

Say the blessings for the matzah and eat a piece of the upper and middle matzah, while leaning to your left side.

Blessed are You, Adonay, our God, King of the universe, who brings forth bread from the earth.

בָּרוּךְ אַתָּה יי אֱלֹהֵינוּ מֶלֶךְ הָעוֹלָם
הַמּוֹצִיא לֶחֶם מִן הָאָרֶץ

Blessed are You, Adonay, our God, King of the Universe who has made us holy with His commandments, and commanded us to eat matzah.

בָּרוּךְ אַתָּה יי אֱלֹהֵינוּ מֶלֶךְ הָעוֹלָם אֲשֶׁר
קִדְּשָׁנוּ בְּמִצְוֹתָיו עַל אֲכִילַת מַצָּה

Lift the wine cup and say the blessing for the second cup of wine.

Blessed are You, Adonay, our God, King of the universe, who has freed us and freed our fathers from Egypt, and made it possible for us to be here tonight, to eat the matzah and the maror. We hope that we will be able to celebrate future holidays and festivals in peace, at the Holy Temple in Jerusalem. Then we will be able to thank You, God, for true freedom, with a new song of thanks. Blessed are You, Adonay, who has freed Israel.

Blessed are You, Adonay, our God, King of the universe who creates the fruit of the vine.

Drink the wine while leaning to your left side.

בָּרוּךְ

אַתָּה יי אֱלֹהֵינוּ מֶלֶךְ הָעוֹלָם
אֲשֶׁר גְּאָלָנוּ וְגָאַל אֶת אֲבוֹתֵינוּ
מִמִּצְרַיִם וְהִגִּיעָנוּ הַלַּיְלָה הַזֶּה
לֶאֱכָל בּוֹ מַצָּה וּמָרוֹר כֵּן יי
אֱלֹהֵינוּ וֵאלֹהֵי אֲבוֹתֵינוּ יַגִּיעֵנוּ
לְמוֹעֲדִים וְלִרְגָלִים אֲחֵרִים
הַבָּאִים לִקְרָאתֵנוּ לְשָׁלוֹם שְׂמֵחִים
בְּבִנְיַן עִירֶךָ וְשָׂשִׂים בַּעֲבוֹדָתֶךָ
וְנֹאכַל שָׁם מִן הַזְּבָחִים וּמִן הַפְּסָ־
חִים אֲשֶׁר יַגִּיעַ דָּמָם עַל קִיר
מִזְבַּחֲךָ לְרָצוֹן וְנוֹדֶה לְךָ שִׁיר
חָדָשׁ עַל גְּאֻלָּתֵנוּ וְעַל פְּדוּת
נַפְשֵׁנוּ בָּרוּךְ אַתָּה יי גָּאַל יִשְׂרָאֵל

בָּרוּךְ אַתָּה יי
אֱלֹהֵינוּ
מֶלֶךְ הָעוֹלָם
בּוֹרֵא פְּרִי הַגָּפֶן

בְּצֵאת יִשְׂרָאֵל מִמִּצְרָיִם

When Israel came out of Egypt, when Jacob's family left that foreign land,
The Jews became God's holy people,
Israel became His nation.

בֵּית יַעֲקֹב מֵעַם לֹעֵז
הָיְתָה יְהוּדָה לְקָדְשׁוֹ
יִשְׂרָאֵל מַמְשְׁלוֹתָיו
הַיָּם רָאָה וַיָּנֹס
הַיַּרְדֵּן יִסֹּב לְאָחוֹר
הֶהָרִים רָקְדוּ כְאֵילִים
גְּבָעוֹת כִּבְנֵי־צֹאן
מַהלְּךָ הַיָּם כִּי תָנוּס

הַיַּרְדֵּן תִּסֹּב לְאָחוֹר
הֶהָרִים תִּרְקְדוּ כְאֵילִים
גְּבָעוֹת כִּבְנֵי־צֹאן
מִלִּפְנֵי אָדוֹן חוּלִי אָרֶץ
מִלִּפְנֵי אֱלוֹהַּ יַעֲקֹב
הַהֹפְכִי הַצּוּר אֲגַם־מָיִם
חַלָּמִישׁ לְמַעְיְנוֹ־מָיִם

HalleluYah

הַלְלוּיָהּ

Give praise, servants of Adonay.
Praise the name of Adonay.
Blessed be the name of Adonay,
now and for ever more.

הַלְלוּ עַבְדֵי יי הַלְלוּ אֶת־שֵׁם יי
יְהִי שֵׁם יי מְבֹרָךְ מֵעַתָּה וְעַד־עוֹלָם

הַלְלוּיָהּ

HalleluYah

בְּכָל־דּוֹר וָדוֹר

חַיָּב אָדָם לִרְאוֹת אֶת עַצְמוֹ כְּאִלּוּ הוּא
יָצָא מִמִּצְרָיִם

Every person in every generation should try to imagine himself being freed from Egypt. The Torah tells us that we should tell the story in such a way that we actually feel as if we were the slaves, saved by God, and brought to the Promised Land of Israel.

Lift the wine cup. The ___ are covered.

לְפִיכָךְ

So we must thank God for all that He has done.
He has brought us from slavery to freedom, from darkness to light, from sadness to gladness, from misery to joy, and from sorrow to triumph.
So we are going to sing a new song. HalleluYah.

אֲנַחְנוּ חַיָּבִים לְהוֹדוֹת לְהַלֵּל לְשַׁבֵּחַ לְפָאֵר
לְרוֹמֵם לְהַדֵּר לְבָרֵךְ לְעַלֵּה וּלְקַלֵּס
לְמִי שֶׁעָשָׂה לַאֲבוֹתֵינוּ וְלָנוּ אֶת כָּל
הַנִּסִּים הָאֵלֶּה הוֹצִיאָנוּ מֵעַבְדוּת
לְחֵרוּת מִיָּגוֹן לְשִׂמְחָה
מֵאֵבֶל לְיוֹם טוֹב וּמֵאֲפֵלָה
לְאוֹר גָּדוֹל
וּמִשִּׁעְבּוּד לִגְאֻלָּה
וְנֹאמַר לְפָנָיו שִׁירָה חֲדָשָׁה
הַלְלוּיָהּ

Put the wine cup down.

Rabbi Gamliel said that in order to tell the Passover story properly, we must say three words out loud: Pesach, Matzah and Maror.

רַבָּן גַּמְלִיאֵל הָיָה אוֹמֵר כָּל־שֶׁלֹּא אָמַר שְׁלוֹשָׁה דְבָרִים אֵלוּ בַּפֶּסַח לֹא יָצָא יְדֵי חוֹבָתוֹ וְאֵלוּ הֵן פֶּסַח מַצָּה וּמָרוֹר

פֶּסַח

Pesach

Why was the Passover lamb eaten at the time of the Temple?
Because God passed over the houses of the Jews when He brought the plagues on the houses of the Egyptians.

מַצָּה

Matzah

Why do we eat unleavened bread?
Because when God took the Jews out of Egypt they left in such a hurry that their dough had no time to rise.

מָרוֹר

Maror

Why do we eat a bitter vegetable?
Because the Egyptians made the lives of the Jews bitter by forcing them to be slaves.

But God has done all these things for us.

עַל אַחַת כַּמָּה
וְכַמָּה טוֹבָה
כְּפוּלָה וּמְכֻפֶּלֶת
לַמָּקוֹם עָלֵינוּ.

He took us out of Egypt, and

He punished the Egyptians, and

He destroyed their idols, and

He killed their firstborn, and

He gave us their treasures, and

He divided the sea, and

He led us across on dry land, and

He drowned the Egyptians, and

He took care of us in the desert for forty years, and

He fed us the manna, and

He gave us the Shabbat, and

He brought us to Mount Sinai, and

He gave us the Torah, and

He brought us to the Land of Israel, and

He built the Holy Temple.

How many wonderful things God has done for us

IF He had only taken us out of Egypt, and had not punished the Egyptians, that would have been enough for us.

IF He had only punished the Egyptians, and had not destroyed their idols, that would have been enough for us.

IF He had only destroyed their idols, and had not killed their firstborn, that would have been enough for us.

IF He had only killed their firstborn, and had not given us their treasures, that would have been enough for us.

IF He had only given us their treasures, and had not divided the sea, that would have been enough for us.

IF He had only divided the sea, and had not led us across on dry land, that would have been enough for us.

IF He had only led us across on dry land, and had not drowned the Egyptians, that would have been enough for us.

IF He had only drowned the Egyptians, and had not taken care of us in the desert for forty years, that would have been enough for us.

IF He had only taken care of us in the desert for forty years and had not fed us the manna, that would have been enough for us.

IF He had only fed us the manna, and had not given us the Shabbat, that would have been enough for us.

IF He had only given us the Shabbat, and had not brought us to Mount Sinai, that would have been enough for us.

IF He had only brought us to Mount Sinai, and had not given us the Torah, that would have been enough for us.

IF He had only given us the Torah, and had not brought us to the Land of Israel, that would have been enough for us.

IF He had only brought us to the Land of Israel, and had not built the Holy Temple, that would have been enough for us.

כַּמָּה מַעֲלוֹת טוֹבוֹת
לַמָּקוֹם עָלֵינוּ

אִלּוּ הוֹצִיאָנוּ מִמִּצְרַיִם וְלֹא עָשָׂה בָהֶם שְׁפָטִים **דַּיֵּנוּ**

אִלּוּ עָשָׂה בָהֶם שְׁפָטִים וְלֹא עָשָׂה בֵאלֹהֵיהֶם **דַּיֵּנוּ**

אִלּוּ עָשָׂה בֵאלֹהֵיהֶם וְלֹא הָרַג אֶת בְּכוֹרֵיהֶם **דַּיֵּנוּ**

אִלּוּ הָרַג אֶת בְּכוֹרֵיהֶם וְלֹא נָתַן לָנוּ אֶת מָמוֹנָם **דַּיֵּנוּ**

אִלּוּ נָתַן לָנוּ אֶת מָמוֹנָם וְלֹא קָרַע לָנוּ אֶת הַיָּם **דַּיֵּנוּ**

אִלּוּ קָרַע לָנוּ אֶת הַיָּם וְלֹא הֶעֱבִירָנוּ בְתוֹכוֹ בֶּחָרָבָה **דַּיֵּנוּ**

אִלּוּ הֶעֱבִירָנוּ בְתוֹכוֹ בֶּחָרָבָה וְלֹא שִׁקַּע צָרֵינוּ בְּתוֹכוֹ **דַּיֵּנוּ**

אִלּוּ שִׁקַּע צָרֵינוּ בְּתוֹכוֹ וְלֹא סִפֵּק צָרְכֵּנוּ בַּמִּדְבָּר אַרְבָּעִים שָׁנָה **דַּיֵּנוּ**

אִלּוּ סִפֵּק צָרְכֵּנוּ בַּמִּדְבָּר אַרְבָּעִים שָׁנָה
וְלֹא הֶאֱכִילָנוּ אֶת הַמָּן **דַּיֵּנוּ**

אִלּוּ הֶאֱכִילָנוּ אֶת הַמָּן וְלֹא נָתַן לָנוּ אֶת הַשַּׁבָּת **דַּיֵּנוּ**

אִלּוּ נָתַן לָנוּ אֶת הַשַּׁבָּת וְלֹא קֵרְבָנוּ לִפְנֵי הַר סִינַי **דַּיֵּנוּ**

אִלּוּ קֵרְבָנוּ לִפְנֵי הַר סִינַי וְלֹא נָתַן לָנוּ אֶת הַתּוֹרָה **דַּיֵּנוּ**

אִלּוּ נָתַן לָנוּ אֶת הַתּוֹרָה וְלֹא הִכְנִיסָנוּ לְאֶרֶץ יִשְׂרָאֵל **דַּיֵּנוּ**

אִלּוּ הִכְנִיסָנוּ לְאֶרֶץ יִשְׂרָאֵל וְלֹא בָנָה לָנוּ אֶת בֵּית הַבְּחִירָה **דַּיֵּנוּ**

Hail בָּרָד

Locusts אַרְבֶּה

Darkness חֹשֶׁךְ

Death of the Firstborn מַכַּת בְּכוֹרוֹת

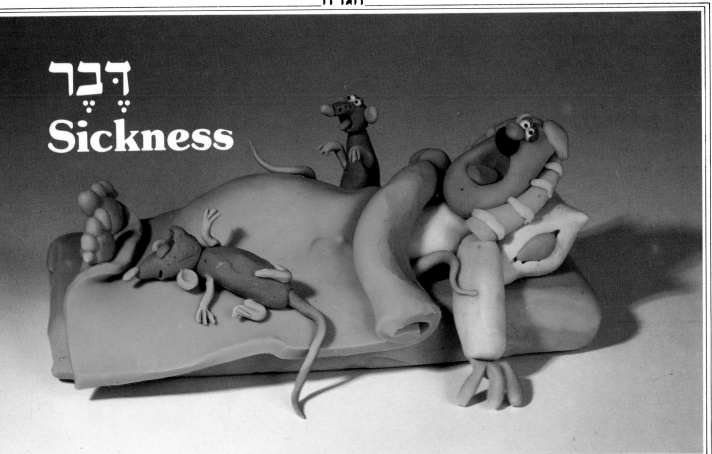

דֶּבֶר
Sickness

שְׁחִין
Boils

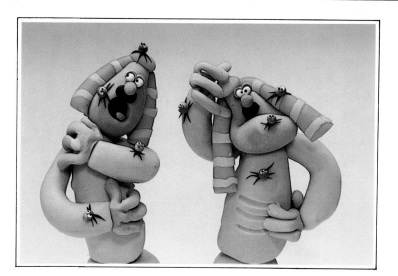

כִּנִּים
Lice

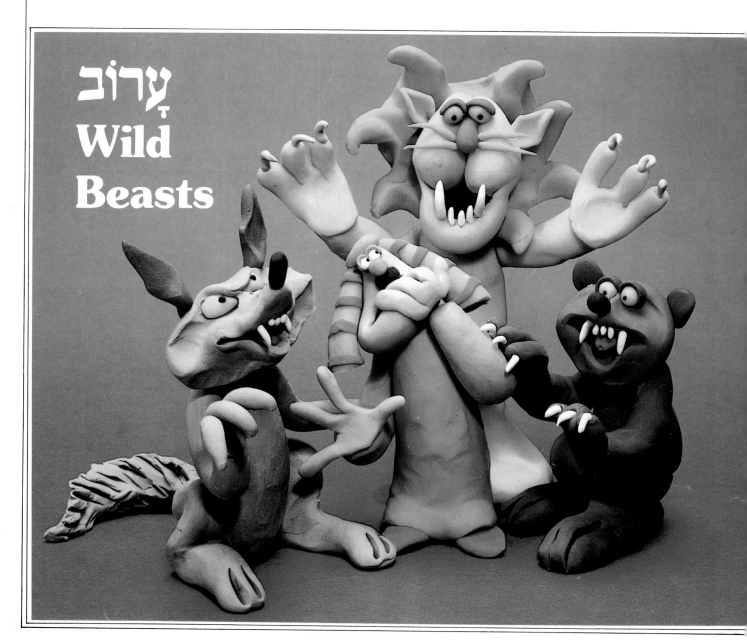

עָרוֹב
Wild
Beasts

אֵלּוּ עֶשֶׂר מַכּוֹת

שֶׁהֵבִיא הַקָּדוֹשׁ בָּרוּךְ הוּא עַל
הַמִּצְרִים בְּמִצְרַיִם וְאֵלּוּ הֵן

We spill a drop of wine out of the wine cup as each plague is read.

These are the ten plagues which God brought upon the Egyptians

Blood דָּם

Frogs צְפַרְדֵּעַ

וַנִּצְעַק

אֶל־יי אֱלֹהֵי אֲבֹתֵינוּ וַיִּשְׁמַע יי אֶת־קֹלֵנוּ

God brought us out of Egypt: it wasn't an angel or a spirit or a messenger. It was God, the Holy One who brought us out of Egypt.

וַיּוֹצִיאֵנוּ יי מִמִּצְרַיִם

לֹא עַל־יְדֵי מַלְאָךְ וְלֹא עַל־יְדֵי שָׂרָף וְלֹא עַל־יְדֵי שָׁלִיחַ אֶלָּא הַקָּדוֹשׁ בָּרוּךְ הוּא בִּכְבוֹדוֹ וּבְעַצְמוֹ

צֵא וּלְמַד

Let us learn

אֲרַמִּי אֹבֵד אָבִי

וַיֵּרֶד מִצְרַיְמָה וַיָּגָר שָׁם בִּמְתֵי מְעָט וַיְהִי־שָׁם לְגוֹי גָּדוֹל עָצוּם וָרָב

Even Lavan, Jacob's own father-in-law, wanted to destroy Jacob's family.

וַיָּרֵעוּ אֹתָנוּ

הַמִּצְרִים וַיְעַנּוּנוּ וַיִּתְּנוּ עָלֵינוּ עֲבֹדָה קָשָׁה

Years later, Jacob and his children went down to Egypt. They didn't intend to stay all that long.
But, of course, they did, and in time became a great and powerful people. The Egyptians tried to outsmart them. They took advantage of them and made them suffer. They forced them to do hard labor and worked them to death. The Jews cried out to heaven and God heard their prayers. God struck the Egyptians with terrible plagues, and freed the Jews by performing great miracles.

Lift the wine cup. The matzot are covered.

God kept the promise that He made to Abraham, and He has kept the promise to all Jews. In every generation there are evil people who want to destroy us, but God saves us each time.

Put the wine cup down. The matzot are uncovered.

וְהִיא שֶׁעָמְדָה לַאֲבוֹתֵינוּ וְלָנוּ

שֶׁלֹּא אֶחָד בִּלְבַד עָמַד עָלֵינוּ לְכַלּוֹתֵנוּ
אֶלָּא שֶׁבְּכָל־דּוֹר וָדוֹר עוֹמְדִים עָלֵינוּ לְכַלּוֹתֵנוּ

וְהַקָּדוֹשׁ בָּרוּךְ הוּא מַצִּילֵנוּ מִיָּדָם

At the beginning, our forefathers believed in idols. Now, God has brought us close to Him, to worship Him.

Our forefathers lived on the other side of the Jordan River. Terach was the father of Abraham and Nachor. Terach and Nachor worshipped idols, but Abraham believed in God. God took Abraham from the other side of the river, and led him through the Land of Canaan. He blessed him with many children. One of those children was Isaac.
Isaac's children were Jacob and Esau. Esau lived on Mount Seir, and Jacob and his children went down to Egypt.

God told Abraham that those children would be forced to work as slaves in Egypt. But He promised Abraham that He would free them.
He promised that the Jews would leave Egypt carrying precious treasures, and that He would punish the Egyptians.

מִתְּחִלָּה
עוֹבְדֵי עֲבוֹדָה זָרָה
הָיוּ אֲבוֹתֵינוּ
וְעַכְשָׁו קֵרְבָנוּ
הַמָּקוֹם לַעֲבוֹדָתוֹ

בָּרוּךְ שׁוֹמֵר
הַבְטָחָתוֹ לְיִשְׂרָאֵל
בָּרוּךְ הוּא

The rebellious child

רָשָׁע

What does he say? "Why do you people bother with all this?" Since he doesn't include himself in keeping the service, we answer him harshly, and tell him that, had he been in Egypt at the time, God would not have included him when He freed us from slavery.

The simple child

תָּם

What does he say? "What's going on here?" We answer by telling him that we keep these laws to remember that God freed us from slavery in Egypt with a great show of strength.

For the child who is too shy to ask

וְשֶׁאֵינוֹ
יוֹדֵעַ
לִשְׁאֹל

We open the discussion by telling him that all this is because of what God did when he took us out of Egypt.

Blessed is the ever-present God who gave the Torah to Israel.

בָּרוּךְ הַמָּקוֹם

בָּרוּךְ הוּא

בָּרוּךְ שֶׁנָּתַן תּוֹרָה

לְעַמּוֹ יִשְׂרָאֵל

בָּרוּךְ הוּא

When we tell the story of leaving Egypt, we must explain it in a way that everyone can understand. The Torah speaks of four types of children who might want to know about Passover: the wise child, the rebellious child, the simple child, and the child who is too shy to ask.

כְּנֶגֶד אַרְבָּעָה בָנִים

דִּבְּרָה תוֹרָה

אֶחָד חָכָם

וְאֶחָד רָשָׁע

וְאֶחָד תָּם

וְאֶחָד שֶׁאֵינוֹ יוֹדֵעַ לִשְׁאֹל

The wise child

חָכָם

What does he say? "What is the meaning of all these rules and regulations which our God gave?" We answer by teaching him all the laws of Passover, down to the very last detail.

Once five very wise men, Rabbi Eliezer, Rabbi Yehoshua, Rabbi Elazar ben Azaryah, Rabbi Akiva, and Rabbi Tarfon, were so involved in talking about how the Children of Israel left Egypt, that they didn't notice the time. Their students finally came to tell them that it was already light outside and time to say the morning prayers!

מַעֲשֶׂה בְּרַבִּי אֱלִיעֶזֶר וְרַבִּי יְהוֹשֻעַ וְרַבִּי אֶלְעָזָר בֶּן עֲזַרְיָה וְרַבִּי עֲקִיבָא וְרַבִּי טַרְפוֹן שֶׁהָיוּ מְסֻבִּין בִּבְנֵי בְרַק וְהָיוּ מְסַפְּרִים בִּיצִיאַת מִצְרַיִם כָּל־אוֹתוֹ הַלַּיְלָה עַד שֶׁבָּאוּ תַלְמִידֵיהֶם וְאָמְרוּ לָהֶם רַבּוֹתֵינוּ הִגִּיעַ זְמַן קְרִיאַת שְׁמַע שֶׁל שַׁחֲרִית

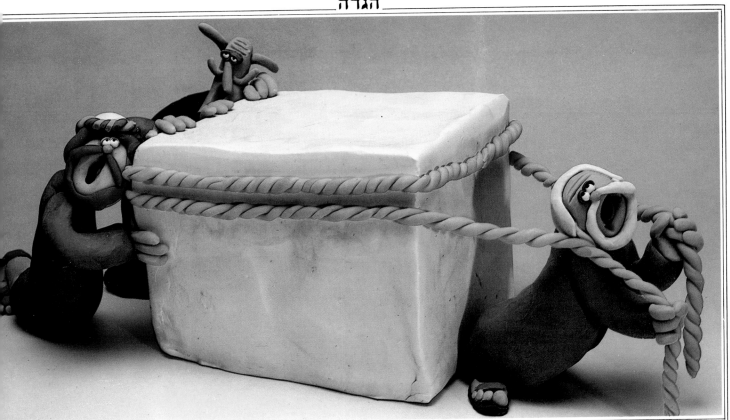

The Seder plate is returned to the table and the matzot are uncovered.

The reason we do so many unusual things tonight, is that we want to remind ourselves of things that happened to the Jewish people many years ago.

We were once slaves to Pharaoh in Egypt. God took us out of Egypt with a great show of strength and display of might. Had He not freed the Jews from slavery at that time, then you and I and all other Jews would still be slaves there today!

So, you see, we want to remind ourselves of what happened. Even those of us who are older and wiser and learned in the Torah, retell the story of leaving Egypt in great detail. The more we discuss it the better.

עֲבָדִים הָיִינוּ
לְפַרְעֹה בְּמִצְרָיִם.

וַיּוֹצִיאֵנוּ יְיָ אֱלֹהֵינוּ מִשָּׁם בְּיָד חֲזָקָה
וּבִזְרוֹעַ נְטוּיָה

וְאִלּוּ לֹא הוֹצִיא הַקָּדוֹשׁ בָּרוּךְ הוּא אֶת־
אֲבוֹתֵינוּ מִמִּצְרַיִם הֲרֵי אָנוּ וּבָנֵינוּ וּבְנֵי בָנֵינוּ
מְשֻׁעְבָּדִים הָיִינוּ לְפַרְעֹה בְּמִצְרָיִם

וַאֲפִלּוּ כֻּלָּנוּ חֲכָמִים כֻּלָּנוּ נְבוֹנִים כֻּלָּנוּ
זְקֵנִים כֻּלָּנוּ יוֹדְעִים אֶת־הַתּוֹרָה מִצְוָה עָלֵינוּ
לְסַפֵּר בִּיצִיאַת מִצְרָיִם
וְכָל־הַמַּרְבֶּה לְסַפֵּר בִּיצִיאַת מִצְרַיִם הֲרֵי זֶה
מְשֻׁבָּח

Mah nishtanah halaylah hazeh mikol haleylot!

Shebechol halaylot anu ocehlin chamets umatzah, halaylah hazeh kulo matzah?

Shebechol halaylot anu ochelin shear yerakot, halaylah hazeh maror?

Shebechol halaylot en anu matbilin afilu paam echat, halaylah hazeh shete peamim?

Shebechol halaylot anu ochelin ben yoshevin uven mesubin, halaylah hazeh kulanu mesubin?

The second cup of wine is poured. The youngest child present asks the four questions.

The Four Questions

How different this night is from every other night of the year.

Every other night we eat bread or matzah. Why do we eat only matzah tonight?

Every other night we eat all sorts of vegetables. Why do we eat maror tonight?

Every other night we eat vegetables as part of the meal. Why do we eat a vegetable dipped in salt water, and maror dipped in chopped fruit, before we even start the meal tonight?

Every other night we may sit upright or lean at the table. Why do we only lean tonight?

מַה נִּשְׁתַּנָּה
הַלַּיְלָה הַזֶּה
מִכָּל הַלֵּילוֹת

שֶׁבְּכָל הַלֵּילוֹת אָנוּ אוֹכְלִין חָמֵץ
וּמַצָּה הַלַּיְלָה הַזֶּה כֻּלּוֹ מַצָּה
שֶׁבְּכָל־הַלֵּילוֹת אָנוּ אוֹכְלִין שְׁאָר
יְרָקוֹת הַלַּיְלָה הַזֶּה מָרוֹר
שֶׁבְּכָל־הַלֵּילוֹת אֵין אָנוּ מַטְבִּילִין
אֲפִלּוּ פַּעַם אֶחָת
הַלַּיְלָה הַזֶּה שְׁתֵּי פְעָמִים
שֶׁבְּכָל־הַלֵּילוֹת אָנוּ אוֹכְלִין בֵּין
יוֹשְׁבִין וּבֵין מְסֻבִּין
הַלַּיְלָה הַזֶּה כֻּלָּנוּ מְסֻבִּין

TELLING THE STORY

מַגִּיד

The head of the seder raises the Seder plate and shows the matzot.

הָא לַחְמָא עַנְיָא

דִּי אֲכַלוּ אֲבָהָתַנָא בְּאַרְעָא דְמִצְרָיִם כָּל-דִּכְפִין יֵיתֵי וְיֵכֻל כָּל-דִּצְרִיךְ יֵיתֵי וְיִפְסַח הָשַׁתָּא הָכָא לַשָּׁנָה הַבָּאָה בְּאַרְעָא דְיִשְׂרָאֵל הָשַׁתָּא עַבְדֵי לַשָּׁנָה הַבָּאָה בְּנֵי חוֹרִין

This matzah is to remind us of the unleavened bread which our fathers ate as slaves in Egypt, many years ago. Whoever is hungry is invited to come eat with us. Whoever needs a Passover seder is welcome to join our seder.
This year we celebrate the Passover seder here. Next year we hope to celebrate in the Land of Israel.
This year we are like slaves. Next year we hope to be truly free.

WASHING HANDS

וּרְחַץ

Wash hands without saying the blessing.

KARPAS

כַּרְפַּס

Dip a vegetable (boiled potato, parsley or celery) into salt water and say the blessing.

Blessed are You, Adonay, our God, King of the universe, who creates the produce of the earth.

בָּרוּךְ אַתָּה יי אֱלֹהֵינוּ מֶלֶךְ הָעוֹלָם בּוֹרֵא פְּרִי הָאֲדָמָה

DIVIDING THE MATZAH

יַחַץ

The three matzot are in place on the table. The head of the seder breaks the middle matzah and hides the larger piece, which somebody must find for the Afikoman after the meal.

Blessed are You, Adonay, our God, King of the universe, who creates the fruit of the vine.

Skip

...od, King of the
...wish nation
...d honored the
...oples, and
...mmandments.
...en us, lovingly,
...als for gladness.
...f Matzot, this
...o remember
...e chosen us
...s special holy
...of our

...as made Israel

Blessed are You, Adonay, our God, King of the universe, who has given us life, sustained us, and enabled us to reach this day.

בָּרוּךְ אַתָּה
יי אֱלֹהֵינוּ
מֶלֶךְ הָעוֹלָם
בּוֹרֵא פְּרִי הַגָּפֶן

בָּרוּךְ אַתָּה יי אֱלֹהֵינוּ מֶלֶךְ הָעוֹלָם אֲשֶׁר בָּחַר בָּנוּ מִכָּל
עָם וְרוֹמְמָנוּ מִכָּל לָשׁוֹן וְקִדְּשָׁנוּ בְּמִצְוֹתָיו וַתִּתֶּן לָנוּ יי
אֱלֹהֵינוּ בְּאַהֲבָה מוֹעֲדִים לְשִׂמְחָה חַגִּים וּזְמַנִּים לְשָׂשׂוֹן
אֶת יוֹם חַג הַמַּצּוֹת הַזֶּה זְמַן חֵרוּתֵנוּ מִקְרָא קֹדֶשׁ זֵכֶר
לִיצִיאַת מִצְרָיִם כִּי בָנוּ בָחַרְתָּ וְאוֹתָנוּ קִדַּשְׁתָּ מִכָּל
הָעַמִּים וּמוֹעֲדֵי קָדְשְׁךָ בְּשִׂמְחָה וּבְשָׂשׂוֹן הִנְחַלְתָּנוּ

בָּרוּךְ אַתָּה יי מְקַדֵּשׁ הַשַּׁבָּת וְיִשְׂרָאֵל וְהַזְּמַנִּים

בָּרוּךְ אַתָּה יי אֱלֹהֵינוּ מֶלֶךְ הָעוֹלָם
שֶׁהֶחֱיָנוּ וְקִיְּמָנוּ וְהִגִּיעָנוּ לַזְּמַן הַזֶּה

...Melech haolam bore peri hagefen.
...Melech haolam asher bachar banu mikol am,
...ideshanu bemitsvotav. Vatiten lanu Adonay
...imcha chagim uzemanim lesason, et yom Chag
...enu, mikra kodesh zecher litsiat mitsrayim. Ki
...a mikol haamim umoadey kodshecha besimcha
...n yisrael vehazemanim.

Baruch Atah Adonay Eloheynu Melech haolam shehecheyanu vekiyemanu vehigianu lazeman hazeh.

Roasted Bone
Hard-Boiled Egg
Maror
Chopped Fruit
Karpas
Maror for sandwich

זְרוֹעַ · בֵּיצָה
מָרוֹר · חֲרוֹסֶת
כַּרְפַּס · חֲזֶרֶת

KIDDUSH

קַדֵּשׁ

*Lift the wine cup and say the blessings for the
first cup of wine. The matzot remain covered.*

קַדֵּשׁ

KIDDUSH

וּרְחַץ

WASHING HANDS

כַּרְפַּס

KARPAS

SPECIAL VEGETABLE

יַחַץ

DIVIDING THE MATZAH

מַגִּיד

TELLING THE STORY

רָחְצָה

WASHING HANDS

מוֹצִיא מַצָּה

BLESSINGS FOR MATZAH

מָרוֹר

MAROR

BITTER VEGETABLE

כּוֹרֵךְ

SANDWICH

שֻׁלְחָן עוֹרֵךְ

FESTIVE MEAL

צָפוּן

AFIKOMAN

HIDDEN DESSERT

בָּרֵךְ

GRACE AFTER MEAL

הַלֵּל

HALLEL

PRAISING GOD

נִרְצָה

CONCLUSION

Published by Scopus Films (London) Ltd.
P.O.Box 565, London N6 5YS
150 Fifth Ave., New York, NY. 10011

Graphic design: Tamar Zelenietz

Photographed by Orit Itzhaki and Shuki Kook
English translation: Tsipporah Tropper
Graphic work and print production: Ehud Oren & David Melchior
Printed by "Tal" Ltd.

Project producers: Uri Shin'ar & Jonathan Lubell
Made in Israel by Jerusalem Productions Ltd.,
23 Abarbanel Street, Jerusalem 92477 , Israel

U.S. Distributors:J.D. Publishers
68-22 Eliot Ave.
Middle Village, NY
11379
[718]456-8611

produced by Scopus Films and Jerusalem Productions in association with the Gesher Foundation
and Frame by Frame Studios

הגדה

The Animated HAGGADAH

a text for children

created in clay by Rony Oren

Based on the film The Animated Haggadah.

SCOPUS FILMS

Jerusalem Productions

From the series
The Animated HOLYDAYS

Series Editor: Uri Shin'ar